やせる! しまる! キレイになる!

カラダ浄化大作戦

石原結實＝著
高村あゆみ＝絵

PHP

やせる！しまる！
キレイになる！

カラダ浄化大作戦

PHP研究所

はじめに

よく、体脂肪が30％だの35％だのと気にしている人がいらっしゃいます。しかし、体重の60～65％が水分なのですから、体重に一番影響を与えているのは「水」ということになります。「水」は「0」カロリーなので、「ダイエット中はいくら飲んでも構わない」という西洋医学的な見解とは逆に、「水を飲んでもお茶を飲んでも太る」という人がいらっしゃるのも、「水」が「肥満」特に女性に多い「下半身太り型の肥満（洋なし型の肥満）」をつくる元凶になっているからです。ビニール袋に水を入れて、上からつり下げると、下方がふくらむことを考えるとよくわかります。

「雨にぬれるとからだが冷える」ように、「冷却水」という言葉があるように、水はからだを冷やす作用があります。よって、体内に水分過剰の「水太り」になると、脂肪の燃焼を妨げ、さらなる肥満に拍車をかけることになります。

本書で紹介しているダイエットは、からだを温めて発汗・利尿を促し、体内の余分な水分と老廃物を排泄して、血液を浄化し、脂肪を燃やします。リバウンドしない、しかもあわせて、美肌と若さを手に入れることができる方法です。

そのために必要な、健康増進に強力な力を発揮するしょうが紅茶やにんじん・りんごジュースなどの「手づくり健康飲料」、「引き締まったからだと美しさ」を手に入れる食べ物、それに、日常で簡単にできる運動、入浴のやり方などについても述べました。

本書を読まれた方々が、減量に成功して輝ける美しさと健康を得られることを心より祈念申し上げます。

2008年4月

石原結實

もくじ

はじめに……2

第1章　ダイエットをはじめる前に

マンガ① ダイエットが成功しないのはなぜ!?……10
あなたが太る原因は「冷え」と「水」!?……12
カラダが冷えるとどうして太る?……16
チェックシート① あなたは「低体温太り」?……19
「水をたくさん飲むとやせる」はウソ!……20

チェックシート② あなたは「水太り」？……23

「出す」ことも忘れずに！……24

コラム◎ダイエット中も食べたいスイーツ・レシピ❶……28

第2章 ラクラク即効！「朝だけ断食」ダイエット

マンガ② ラクラク即効！「朝だけ断食」ダイエット……30

「朝だけ断食」でどうしてやせる？……32

朝食はムリに食べなくてもOK……36

「昼食は軽めに」が成功の鍵……38

夕食は好きなものを食べてOK……40

しょうがと紅茶の効能……42

しょうが紅茶のつくり方……44

しょうが紅茶のバリエーション……46
にんじんとりんごの効能……48
にんじん・りんごジュースのつくり方……50
にんじん・りんごジュースのバリエーション……52
「朝だけ断食」に慣れたら挑戦！……54
マンガ③「朝だけ断食」でカラダがかわった！……58
コラム⊙ダイエット中も食べたいスイーツ・レシピ②……60

第3章　カラダを温めて、ダイエット不要の「やせ体質」に

マンガ④やせ体質をつくる！「カラダ温め」大作戦……64
「カラダ温め」は毎日少しずつ……66
「やせる食べ物」ってどんなもの？……70

カラダを温める食べ物、冷やす食べ物……73
炭水化物もしっかり摂って……74
塩分や糖分はカラダに悪い？……76
筋肉を動かすと、ぐんぐんやせる！……78
手軽なウォーキングはメリット大！……80
下半身をきたえる　カーフレイズ＋スクワット……83
1日2分、スキマ時間で筋肉強化……84
アイソメトリック運動の基本動作……86
アイソメトリック運動の応用動作……90
バスタイムも「カラダ温め」時間に！……94
カラダがポカポカになる入浴方法……96
バリエーションを楽しむ薬湯いろいろ……98
マンガ⑤　目指せ！「やせ体質」キープ……100
コラム◎ダイエット中も食べたいスイーツ・レシピ③……102

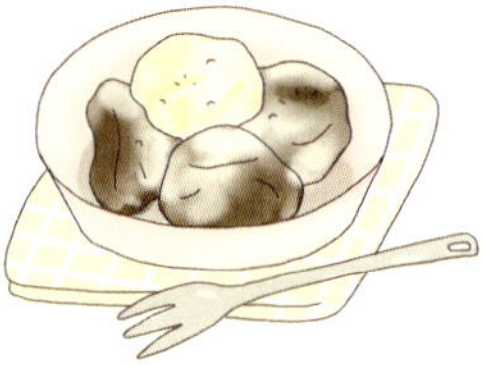

第4章　もっとキレイに！　健康に！

サラサラの血で美肌づくり……104

水の飲みすぎが頭痛・肩こりの原因!?……108

「便秘に水分、生野菜」は逆効果!?……112

体温が低いと「うつ」になる!?……116

生理の悩みは下半身を温めて解消……120

貧血改善には運動も必須……124

アレルギーの原因は余分な水分!?……126

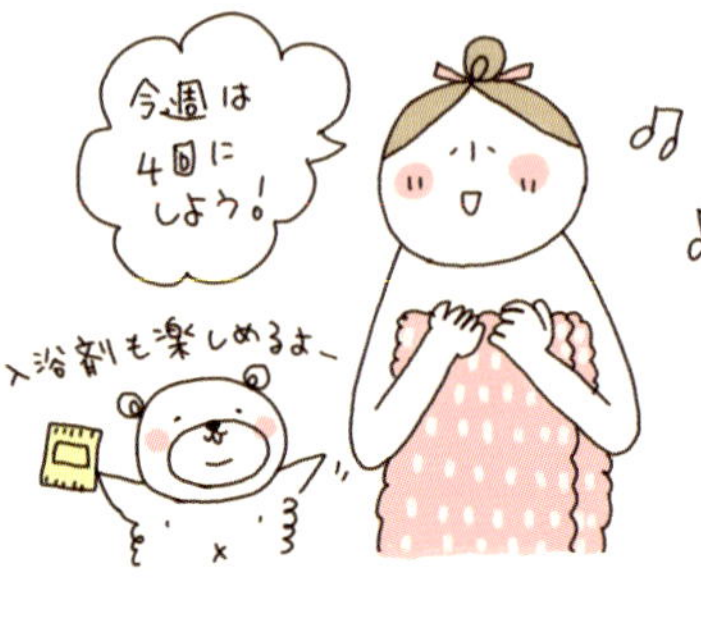

第1章　ダイエットをはじめる前に

ダイエットが成功しないのはなぜ!?
そろそろ衣替えしようかな。
ウフフ
肌を見せて恋を呼びこむゅ〜!
う……
あら?
パツパツ
妊娠したのかしら?
ダイエットしなきゃ!
彼もいないのに妊娠するかー!!
3種類のダイエットをひと通り試しました
ご飯やお肉を食べない、ゆで卵やりんごなど特定の食品ばかりを食べるなどして、摂取カロリーを減らすダイエット。
ダンスエクササイズやジョギングなど運動によって消費カロリーを増やすダイエット。
One more!
セクシーエクササイズ
リンパマッサージ、減量ウエットスーツなどで脂肪分解を促進するダイエット。
フーフー
ハンコ
ビクッ
宅配便でーす……
ダイエットによる禁欲生活はさらに続き……
飲み会でもアルコールはパス。もちろんおつまみも低カロリーのメニュー限定!
枝豆
お茶
会議中でもながらエクササイズ!
オウウ……
浮いとる!

や……やった!
ダイエット成功!
しかし……
ちょっとくらいなら
いっか☆
今日はお休み♪
くびれエクササイズ
やせたごほうび
ごろごろ
ギャー
ポッコリ
ズトーン
あんなにがんばったのに!! なんでまた太るの～!?
うわーん
もうダイエットなんか、やめた!!
そもそもダイエットは、簡単にできるものじゃないと!
一時期、がんばっても、ずっとムリし続けるのはやっぱりつらい。かといって、ダイエットをやめてすぐにリバウンドしちゃったらまったく意味がないし……。
でも、「簡単にやせて」その上「リバウンドしない」ダイエットなんて、あるのかなあ……?
うーん
ダイエットが長続きしない面倒くさがり屋さんでも、成功する方法はあるのか?
～30ページに続く～
つまりラクしてやせたいの♡

あなたが太る原因は「冷え」と「水」!?

今度こそダイエットに成功したい！

久しぶりにお気に入りの洋服を着たら、裾から見えるのは大根のような足、二の腕には振袖のようなぜい肉がついて……。

「体重があと3kg落ちたら！　ウエストがあと3cm細かったら！」けれどももちろん、そう思っているだけでは、脂肪は落ちてくれません。

ダイエットを決意しても、果たして成功する人はどれくらいいるのでしょう。一度はやせても結局リバウンド、という人も多いのではないでしょうか？

失敗すると「自分は意志が弱いからダメなんだ……」なんて思えてきて、ぜい肉のついたお腹をつまみながら、自己嫌悪におちいってしまうことも。

そんな悪循環から脱出するためには、まずは「成功するダイエット」の原則を知っておきましょう。

それは、**「簡単で、長続きしやすい」**こと。もうひとつが、**「リバウンドしない」**こと。特にリバウンドは、何度もくり返しているとどんどんやせにくい体質になってしまうので、注意が必要です。**これらの条件を満たしたダイエットなら、「引き締まった、一生太らないからだ」は目の前**です！

これまでのダイエットではなぜやせない？

世の中には「甘いものを食べても太らない」人がいる一方で、「水を飲んでもお茶を飲んでも太る」人がいるのも事実。なぜ、こんな不公平なことが起こるのでしょう？

世にあるダイエットの多くが、摂取カロリーを減らすか消費カロリーを増やすかを中心に考えられた方法です。ところが、**太る原因はカロリーの問題だけではありません。**漢方医学では、**「冷え」と「水」がダイエットに大切な要素**と考えられています。「やせやすい人」と「太りやすい人」の差が出るのもこのためです。

「え？『冷え』や『水』がどうしてダイエットに関係あるの？」と思う人もいるでしょう。

本書ではこれから、「冷え」と「水」の2つの観点から、「簡単で、長続きしやすい」「リバウンドしない」ダイエット方法を紹介していきます。

特に、第2章の「朝だけ断食」ダイエットは、1週間で1〜2kg落ちる即効性が期待できます。まずは1週間ほど試してみてください。体調がよい、やってみて気持ちがよいと感じれば、続けてみましょう。第3章では、毎日の生活習慣をちょっとかえることで、ダイエット不要の「やせ体質」をつくる方法を紹介しています。

また、本書のダイエット方法は、やせるだけでなく、美容や健康にも効果的。花粉症が治るなどの効果が出る人も！　とても簡単で、長く続けてもムリがない健康的なダイエットですから、ぜひ挑戦してみてください。

カラダが冷えるとどうして太る？

やせるポイントは「基礎代謝」

からだに入ってくるカロリーは、「基礎代謝」「生活活動代謝」「食事誘発性熱代謝」の3種類のエネルギーとして消費されます。

「生活活動代謝」は日常生活で消費するエネルギー、「食事誘発性熱代謝」は、ものを食べたときに発生するエネルギーです。

ここでもっとも注目したいのが「基礎代謝」。これは、何もしない状態で消費するエネルギーのこと。つまり、**基礎代謝が高いほど、何もしなくても、やせやすく太りにくいからだになれる**のです！

性別や年齢によっても違いますが、筋肉の量が少ない人ほど基礎代謝は低くなります。また、基礎代謝は16歳をピークに、年齢とともに低下していきます。男性より筋肉量の少ない女性のほうが肥満の人が多いのも、年をとると太りやすくなるのもそのためです。

体温が低いと代謝が低くなる

わたしたちのからだは、36・5〜37℃の体温で、もっともよく働くようにできています。そこから1℃下がって35・5℃になると、排泄機能の低下や自律神経失調症が引き起こされます。さらに35℃になると、がん細胞がもっとも増殖する温度に。

最近は、平熱が36℃以下、35℃台という低体温の女性がずいぶん増えました。**正常な平熱とは、36・5℃以上**のことですから「わたしは平熱が36・2℃

あるから体温は低くない」という人も、実は立派な低体温なのです。

体温が1℃下がると代謝が約12％低下するとされています。それはつまり、基礎代謝が12％低下するということ。**平熱が35・5℃の人は、36・5℃の人と同じものを食べても「12％太る」**ということになるのです。

反対に、体温が高ければ代謝も高くなります。同じものを食べても、やせやすく太りにくい体質になれるのです！「甘いものをたくさん食べても太らない」人がいるのも、基礎代謝が高いことが原因のひとつに考えられます。

「きちんとカロリー計算しているのにすぐに太ってしまう」「毎日運動しているのに体重が減らない」そんな悩みをもつ人は、体温が低かったり、基礎代謝が低下しているからなのかもしれません。次のページでチェックしてみましょう。

チェックシート❶ あなたは「低体温太り」？

チェック1
あなたの平熱は？

午前10時くらいに、脇の下で測ります。女性の場合、生理開始後から排卵までの約２週間の間に測ります。排卵後はホルモンの影響で体温が上がるからです。

チェック2
下半身が冷えているかも？

仰向けになり、お腹に手を当てて、おへその上と下の温度を比べてみて。おへそから下が冷たい人は、下半身が冷えています。下半身太りの恐れが！

チェック3
その生活習慣、からだを冷やしてるかも？

当てはまる項目はありますか?

- □普段、運動する習慣がない。
- □夏は、冷房の効いた室内で過ごすことが多い。
- □水をたくさん飲む。
- □冷たい飲み物や果物、生野菜サラダが好き。
- □お風呂はシャワーですませることが多い。

これらはすべて、からだを冷やす原因！
当てはまるものは注意しましょう。

「水をたくさん飲むとやせる」はウソ！

余分な水分はからだを冷やす

「水はノンカロリーなので、いくら飲んでもＯＫ」「水を飲むと新陳代謝が高まるので、ダイエット中はたくさん飲んだほうがいい」。そういった言葉をよく耳にします。

けれども実は、**体内の余分な水分はからだを冷やしてしまいます**。このことは、雨にぬれるとからだが冷えたり、お風呂上がりにちゃんとからだを拭かないとどんどん体温が奪われることからもわかります。

18ページで紹介したように、**からだを冷やすと代謝が低下し、やせにく**

くなってしまうので、むしろダイエットには逆効果なのです。

水分を摂りすぎると水太りに

水分の摂りすぎは、からだを冷やして代謝を低下させるだけではありません。「むくみ」「水太り」の原因になってしまうのです。

人間が1日に摂取する水分は、平均2100〜2600ml。その内訳は、お茶やコーヒーなど明らかに水分とわかるものから1000〜1500ml。ご飯や果物など食べ物が含む水分で約800ml。そして、代謝水(栄養素が体内で利用されてできた水分)で約300mlです。

出ていく水分も2100〜2600ml。尿で1000〜1500ml、便の中の水分で約100ml。肺の呼気や皮膚から、目に見えない水分として蒸発する水分がそれぞれ約400mlと約600mlです。発汗すれば、その分、出ていく水分量はさらに増えます。

水分摂取量が多い、あるいは尿の量が少ないなど、**水分の出入りのバランスが崩れると、体内に余分な水分が少しずつたまっていきます。すると、むくみや水太りになってしまうのです。**この状態を、漢方医学では「水《すい》毒《どく》」といいます。

困ったことに、**水毒症状にある人は、逆に水分を摂りたがる**傾向にあります。水毒になると、摂った水分が胃袋や皮下に滞り、水分を必要としている脳や筋肉、もろもろの臓器の細胞にきちんと供給されなくなります。そのため、体内に水分は多く存在するのにのどが渇く、ということに。

植物に水をやりすぎると、ほとんどが根腐れして枯れてしまうように、水分の摂りすぎは人間のからだにも毒なのです！　あなたは、水分を摂りすぎていませんか？　次のページでチェックしてみましょう。

チェックシート❷ あなたは「水太り」？

からだの中に余分な水分がたまっていませんか？

☑check！

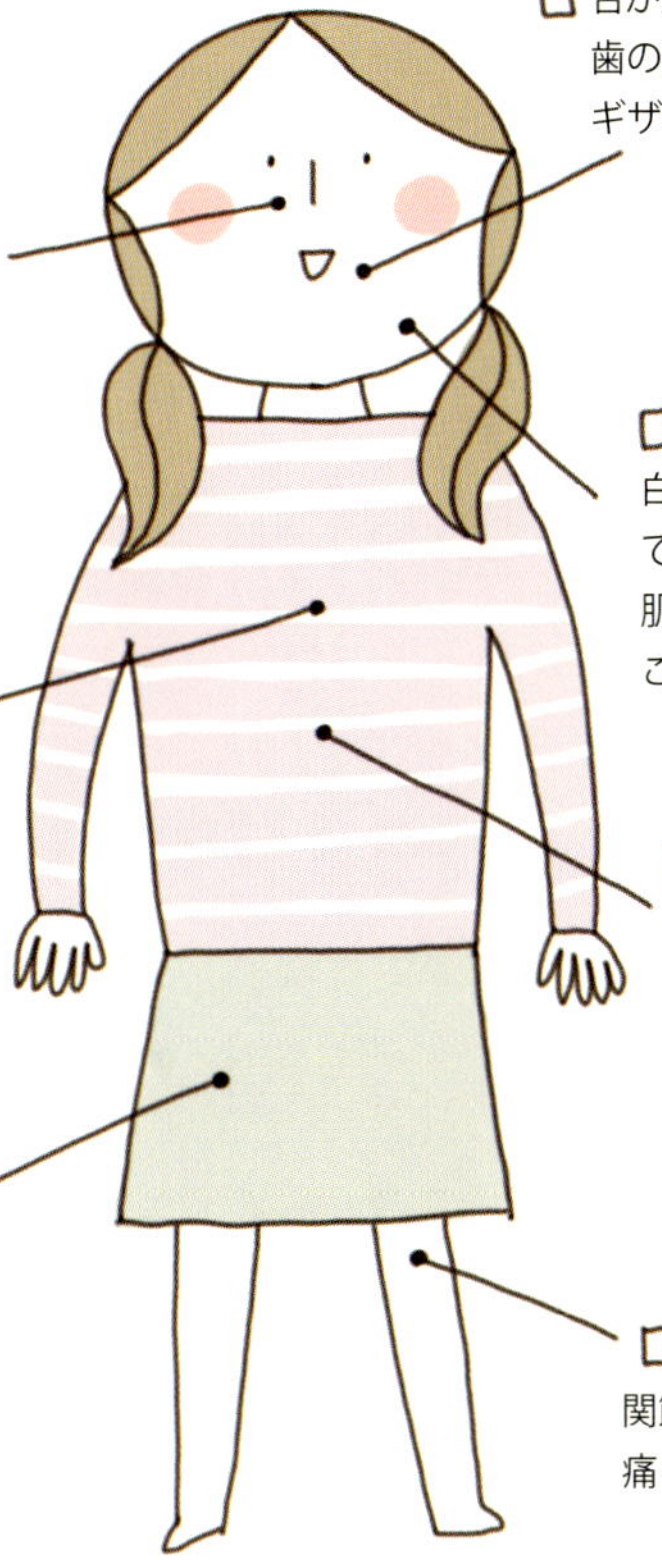

- □ 舌が全体的に白っぽく、歯の跡がついてギザギザしている。
- □ 花粉症や鼻炎で鼻水が出やすい。
- □ 白ニキビができたり、肌がべとつくことが多い。
- □ 仰向けに寝てみぞおち部分をたたくと、チャポチャポと音がする。
- □ 胃がもたれてむかむかすることがある。
- □ 手足や顔がむくむことが多い。
- □ 関節やかかとが痛くなることがある。

このチェックに当てはまる点が多いと、からだに余分な水がたまっている可能性が。水分の摂りすぎに注意したり、体内の余分な水分を出すことを心がけて！

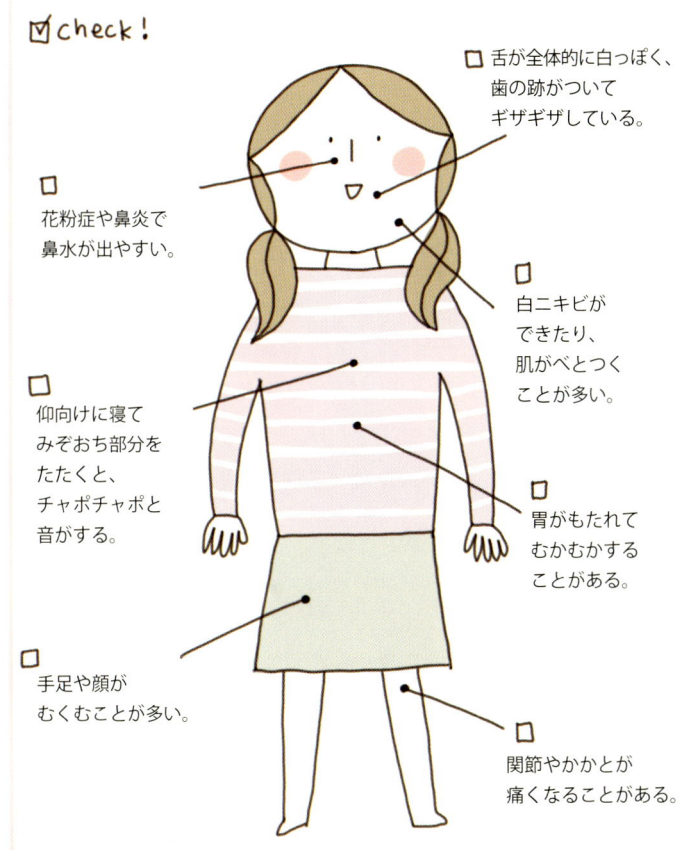

「出す」ことも忘れずに！

「血液サラサラ」はやっぱり重要

水分の摂りすぎなどで体温が低下すると、代謝が低くなってやせにくくなります。しかし、それ以上に見逃せないのが「血液の循環が悪くなる」こと。水が冷えると氷になるように、血液も、からだが冷えることによって血管が硬くなり、流れがよどんでしまうのです。

血液は、人間のからだをつくる約60兆個の細胞に栄養や酸素、水分、免疫物質などを送り届け、その機能を維持しています。また、全身を循環しながら、各器官の細胞から出された老廃物を受け取り、肝臓や腎臓などの解毒器官に運んで体外に排泄しています。

ですから、**血液の循環が悪くなると、からだに必要な栄養が届かず、老廃物もきちんと体外に出すことができません。**すると、血液中に老廃物などの汚れがたまってドロドロに。この状態を、漢方医学では「瘀血《おけつ》」といいます。

漢方医学で「万病一元、瘀血より生ず」というように、血液が汚れてドロドロだと、脳卒中や心筋梗塞などさまざまな病気の原因になります。病気だけでなく、肌荒れやニキビなど、肌トラブルにも見舞われやすく。美容にも悪影響を及ぼすのです。

吸収を休めて排泄を促す

血液がサラサラでキレイな状態をキープするためのポイントのひとつは

「からだを温めて血行をよくする」こと。そしてもうひとつが、**「血液中の老廃物をきちんと出す」**こと。

そのためには、断食などで「吸収を休める」方法が効果的！

人間のからだは基本的に、たくさん食べれば食べるほど、排泄が悪くなります。血液が胃や小腸などの消化・吸収器官に集まり、その分、大腸や腎臓などの解毒・排泄器官に供給される血液が少なくなって、働きが低下してしまうからです。

吸収を休めることで、体内の老廃物や、余分な水分も排泄が促されます。

わたしたちは普段、栄養バランスをとるためにサプリメントを摂るなど、「入れる」ことに目を奪われがち。けれども、血液サラサラをキープするためには、まずは吸収を休め、老廃物を出すことに目を向けるようにしましょう。

「キレイ」と「健康」を手に入れるダイエット

☆ 3つのポイント ☆

ダイエット中も食べたいスイーツ・レシピ 1

プルーンの赤ワイン煮

プルーンは「ミラクルフルーツ（奇跡の果物）」といわれるほど、高い栄養価が。赤ワインで煮ることで、プルーン独特の風味が消え、さっぱりとした甘さに。

材料
（つくりやすい分量）

ドライプルーン（種なし）……………………………1袋
赤ワイン……………………適量
黒砂糖……………………適量

つくり方

❶ドライプルーンを鍋に入れ、赤ワインをひたひたの分量まで注いで火にかけます。
❷黒砂糖をお好みの量加え、やわらかくなるまで煮れば完成！

密封容器に入れて冷蔵庫で保存します。煮汁はお湯割りにしたり、ワイン（ホットでもアイスでもOK）を足してもおいしい。

第2章　ラクラク即効！「朝だけ断食」ダイエット

「朝だけ断食」ダイエット

《朝食》

●しょうが紅茶、またはにんじん・りんごジュースを１～２杯。

《昼食》

●そばに、七味唐辛子やねぎをたっぷりのせて食べる。

or

●ピザやパスタにタバスコを振りかけて食べる。

or

●普通に食べる場合は腹８分目以下に。

《間食》

●昼間、空腹を感じたら、黒糖あめやチョコレート、黒砂糖入りのしょうが紅茶で糖分を補給する。

《夕食》

●好きなものを食べる。お酒を飲んでもOK。

ええ〜っ！
朝食抜き⁉
夕食は何を
食べてもいい⁉
パァッ
ウフフフ
ガーン
すごく続けやすいのよ。
わたしも最初、これだけで
本当にやせるのかなあって
思ったけど、
1週間で
体重が1kg落ちたし、
特に下半身太りが
スッキリしてきたの。
あれ？
でもよく、
「朝はちゃんと食べて、
夜は軽めに」って
いいますよね。
このダイエットは、
まったく
反対みたい。
朝食
夕食
ポリポリ
フッ
何やら余裕を感じますね……
それがちゃんと
健康的にやせる仕組みに
なっているのよ！
（詳しくは32ページから
読んでいってね！）
P32
まっ
まぶしいっ
本買ったー!!
このダイエットなら、
簡単で長続きしそう！
わたしも
やってみる！
ぐっ
がんばって〜
果たしてダイエットは、
無事に成功するのか？
〜58ページに続く！〜

「朝だけ断食」でどうしてやせる？

1日3回の食事は本当に必要？

実は**朝食は、夜明けとともに起きて農作業をしていた時代とは違い、現代人にはあまり必要のない**ものに。遅い夕食を摂り、睡眠時間も不足しがちな生活をしていると、起きてすぐは食欲がありません。せっかく睡眠中に休んでいた胃腸にムリに食べ物を入れるのは、からだにとって決してよいことではないのです。

「朝だけ断食」ダイエットは、朝はしょうが紅茶か、にんじん・りんごジュース。昼はそばなどの軽い食事。そして、夕食は何を食べてもOKというもの。しかも、体質そのものを改善していくことができるのです。

断食で老廃物を出す！

たとえば1週間の断食をすると、目やにが増える、濃い尿や黒い便（宿便）が出るなど、たくさんの老廃物がからだの外へと排泄されます。

それと同じで、寝ている間というのは、断食をしている状態そのもの、**朝は老廃物を排泄する時間帯**。それなのに、朝食を食べることによって、排泄の機能がじゃまされてしまいます。腎臓や大腸などの解毒・排泄器官のために使われるはずの血液が、消化・吸収に使われてしまうからです。するとからだの中に老廃物や毒素などの汚れがたまり、やせにくく……。

「吸収は排泄を阻害する」というのが人間のからだの法則です。**老廃物や毒素をどんどん外へ出すためには、断食が効果的**なのです。

体温が上がって代謝が高くなる!

「朝だけ断食」のもうひとつの効果は、体温上昇。**断食によって、消化・吸収器官の活動が停止されるため、血液が、人体最大の産熱器官である筋肉や肝臓、脳などの他の部分に使われて、体温が上がる**仕組みです。

18ページでもご紹介したように、体温が1℃上がるだけで、代謝は約12%も高くなります。消費カロリーの60~70%は、何もしなくても消費される基礎代謝ですから、代謝が12%高まるということは、ものを食べて何もしなくても「12%やせる」ということなのです。

「朝食だけ断食」は、単に1日の摂取カロリーを減らすだけではありません。**体温が上がることによって代謝が高くなり、やせやすい体質をつくる**方法でもあるのです。

健康的なダイエット法！

朝食を食べないのは悪いことではなく、逆に健康のためにとってもよいこと。体温が上昇することによって、基礎代謝が高まりやせやすくなるだけでなく、**風邪を引きにくい健康なからだになっていきます**。

なぜなら、体温が上がることで新陳代謝も高まり、血のめぐりがよくなるからです。すると、血液中の白血球の働きが活発になり、免疫力がアップするという仕組み。反対に、体温が平熱の36・5℃より1℃下がると免疫力は30％以上低下してしまいます。健康のためにも、からだを温めることは効果が大きいのです。

また、新陳代謝が高まると体内の老廃物をどんどん排泄します。すると、**肌の調子もよくなり、シミやしわの予防や改善にもつながる**のです。

朝食はムリに食べなくてもOK

朝、必要なのは糖分

睡眠から目覚めた朝は、断食後と同じ状態。食欲がない人はムリに朝食を食べなくてもよいのです。

よく、「朝食抜きはからだに悪い」といわれますが、その理由は、脳をはじめ、人体の60兆個の細胞は、糖分をエネルギー源にして活

動しているから。ですが、**「朝だけ断食」の飲み物は、必要な糖分やビタミン・ミネラルをきちんと補ってくれる**から大丈夫なのです！

朝はしょうが紅茶や、にんじん・りんごジュースを

朝食は、胃腸に負担をかけないしょうが紅茶やにんじん・りんごジュースを1～2杯（つくり方は44～47、50～53ページ参照）。これだけで、元気な1日をスタートさせることができます。**少し多めに黒砂糖やはちみつを入れると、エネルギー源となって、朝はやる気が出ないという悩みも解消**されます。

朝は熱いしょうが紅茶を飲んでからだを温めるのが理想ですが、にんじん・りんごジュースでもＯＫ。その場合は、しょうが紅茶を、のどが渇いたときの水分補給や、昼食・夕食前に飲むようにしましょう。

「昼食は軽めに」が成功の鍵

昼食はそばがおすすめ

昼食は、断食後の補食と考えましょう。断食中は、胃腸が休息しているので、消化酵素の生産も少なくなっています。昼にたくさん食べてしまうのは、ウォームアップせずに運動するようなもの。お昼は消化のよいそばがおすす

め。パスタやピザでもＯＫです。

そばにはねぎや七味唐辛子をたっぷりのせて、ピザにはタバスコをかけて食べても。からだを温め、代謝を高めるのでダイエット効果が倍増します。その他のメニューを食べるときも、腹８分目以下に抑えて、**あまり食べすぎないように**。よくかんでゆっくり時間をかけて食べましょう。

昼間、お腹が空いたときは

昼は胃腸が動きだすので、空腹を強く感じるかもしれません。でもそんなときは、しょうが紅茶の出番です。

オフィスで、または外出先でも、紅茶にチューブ入りのしょうがを入れるだけ！　しょうが紅茶の代わりに、**黒砂糖や黒糖あめを口にするのもよい**でしょう。

夕食は好きなものを食べてOK

夕食は制限ナシ！

朝は、しょうが紅茶またはにんじん・りんごジュースを1〜2杯。昼はそばなど消化のよい軽いもの。これを守れば、なんと夕食は、好きなものを好きなだけ食べてOK！

和食中心の食事がベターです

が、肉や魚などボリュームのあるものでも平気です。**朝と昼は、野菜、果物、炭水化物などが中心なので、夜は食べたいものをいくら食べても大丈夫**なのです。もちろん**アルコールもＯＫ！**

夕食の時間が遅くなっても大丈夫

仕事の都合で夕食を摂る時間が遅くなってしまう、という人もいるでしょう。よく、「夜10時すぎや、寝る2～3時間前に食べるのはよくない」といわれます。ですが、朝食、昼食を軽めにしてお腹を空かせていれば、消化・吸収力が上がっています。**食後、最低1時間程度あけてから寝るようにすれば大丈夫**です。

食前にしょうが紅茶を飲めば、食事の量も抑えられるので効果的。入浴前に飲むのもよいでしょう。代謝が高まり、ダイエット効果が倍増します。

しょうがと紅茶の効能

しょうがと紅茶は最強コンビ

「朝食の代わりにしょうが紅茶を飲むだけで、どうしてダイエット効果があるの？」と思う人もいるかもしれません。実は、**しょうが紅茶には「からだを温めて代謝を高め、脂肪を燃焼させる」「強力な利尿作用で水太りを改善する」効果がある**のです。

紅茶は、お茶の葉に熱を加えて発酵させたもの。漢方医学では、緑茶はからだを冷やす食べ物ですが、紅茶はからだを温める食べ物に分類されます。しかも、緑茶より高い利尿作用があります。一方、しょうがは、２００

種類もある漢方薬のうち約75%に使われているほど高い薬効が。全身の機能を高めて体温を上昇させ、発汗・排尿を促します。このように、紅茶としょうがの相乗効果でやせることができるのです。

ダイエット効果だけじゃない!

しょうが紅茶ダイエットで成功した人の中には、便秘が治った、生理痛が軽減した、うつが改善したという人も。しょうがと紅茶の最強タッグは、やせるだけではなく、心もからだも健康にするパワーがあるのです。(詳しくは第4章参照)

ちなみに、しょうが紅茶に入れる黒砂糖やはちみつも、からだを温め、代謝を高める効果があります。ダイエット中だからと糖分をガマンして控えめにしないでも大丈夫です!

しょうが紅茶のつくり方

ティーバッグを使って簡単につくれます。しょうがも紅茶も、それ自体に副作用はありませんが、1日に飲む目安は6杯までにとどめておきましょう。

◉ダイエット効果を高める飲み方

しょうがは量が多いほど、からだを温め、発汗作用が強くなります。ただし、刺激が強すぎる場合は量を減らして。

しょうがも、黒砂糖やはちみつも、自分の好みのさじ加減でOK！　毎日飲むものだから、自分が一番おいしいと感じる分量を入れましょう。

材料
（1杯分）

紅茶（ティーバッグ）……1袋
しょうが………………1片
（チューブ入りのしょうがを利用してもOK!）
熱湯…………カップ1杯分
黒砂糖（またははちみつ）
……………………適量

つくり方

1

しょうがはよく洗い、皮付きのまますりおろします。一度にたくさんすりおろし、冷凍しておくと便利です。

2

カップにティーバッグを入れ、熱湯を注いで紅茶をつくります。
紅茶にしょうがのすりおろしと、好みの量の黒砂糖(またははちみつ)を加えて完成！

しょうがのすりおろしではなく、しょうがの絞り汁を加えても。または、あらかじめティーポットで紅茶をつくり、茶こしでしょうがをこしながらカップに注いでもOK。自分が飲みやすいやり方でつくりましょう。

しょうが紅茶のバリエーション

基本のしょうが紅茶を覚えたら、いろいろなバリエーションに挑戦しましょう。毎日の気分に合わせて楽しんでも。

※葛《くず》入りしょうが紅茶

とろりとした口当たりのしょうが紅茶。本葛粉がさらにからだを温めてくれます。

材料
（1〜2杯分）

本葛粉 …………………5g
水 ……………………100ml
熱い紅茶 ……………100ml
しょうがの絞り汁
…………………小さじ1
黒砂糖（またははちみつ）
………………………適量

つくり方

1 鍋に本葛粉と水を入れて、木べらでよく混ぜます。本葛粉が溶けたら火にかけ、透明になるまで加熱します。

2 カップに茶こしをのせ、熱い紅茶と1を加えます。

3 しょうがの絞り汁を加えます。仕上げに黒砂糖（またははちみつ）をお好みで。

※しょうが湯

しその香りで心ほぐされます。
整腸作用も期待大！

材料
（1〜2杯分）

本葛粉 ……………………5g
水 ……………………200ml
しょうがのすりおろし…大さじ1
しその葉の粉末
（しその葉を乾燥させ、すり鉢ですって粉末状にします。密閉容器に入れて保存します）
……………………大さじ1
はちみつ………大さじ1〜2

つくり方

1. 鍋に本葛粉と水を入れて、木べらでよく混ぜます。本葛粉が溶けたら火にかけ、透明になるまで加熱します。
2. カップに茶こしをのせ、しょうがのすりおろしとしその葉の粉末を入れ、上から❶を注ぎます。ふたをしてしばらく蒸します。
3. はちみつを入れて、できあがり。

にんじんとりんごの効能

大事なのは、必要な栄養素を摂ること

現代人は、**たくさん食べているにもかかわらず、必要な栄養素が摂れていない栄養失調の状態になりがち**。原因は、化学肥料による土中のミネラルの減少や、ビタミン・ミネラルを豊富に含む胚芽をとり去った、精白米や精白パンを食べる習慣など、さまざまあります。

食べる＝空腹感を抑えることではありません。大切なのはからだに必要な栄養素を摂ること！「朝だけ断食」のにんじん・りんごジュースは、栄養的にもバランスのとれた、生命のエッセンスそのものです。

ビタミン・ミネラルがぎっしり

にんじん・りんごジュースには、人間のからだが必要とするビタミン・ミネラルのほとんどすべてが含まれています。

にんじんは、欧米の自然療法医たちも認める最高の万病の妙薬。強力な浄化力をもつミネラルを含み、β-カロテンなどのファイトケミカルが抵抗力を高めます。そしてりんごに含まれるカリウムには利尿作用があり、水太りやむくみの改善に効果的!

「ジュースはからだを冷やすのでは?」と心配する人もいるかもしれません。しかし、にんじんもりんごも、からだを温める食品なのでご心配なく。

朝はしょうが紅茶だけでOKですが、**肌がカサカサ、貧血気味の人などは、にんじん・りんごジュースを組み合わせて飲むとよい**でしょう。

にんじん・りんごジュースのつくり方

ジューサーを使ってあっという間にできます。栄養満点、甘さのうれしいジュースです。

◉ダイエット効果を高める飲み方

このドリンクは新鮮さがポイント。すぐに飲まない場合は冷蔵庫に入れ、半日以内にいただきましょう。

つくるときは、ミキサーでなくジューサーを使うようにしてください。野菜の栄養を、活きたまま搾り出すためです。

材　料
（2〜3杯分）

にんじん
　…………2本（400g程度）
りんご
　…………1個（300g程度）
レモン…………………1/8個

つくり方

1

グラスにレモンを搾ります。レモンには酸化を防ぐ効果があります。

2

よく洗ったにんじんとりんごを、皮や種をつけたまま適当に切り、ジューサーにかけます。

3

グラスに茶こしをのせて②を注ぎ、よく混ぜてできあがり。

にんじん・りんごジュースのバリエーション

基本のジュースをアレンジ！　その日の症状に合わせていろいろな野菜や果物を加えてみましょう。

※セロリ・パセリを加えて

貧血や肝臓の不調に悩んでいる人に。
神経安定の効果もあります。

材　料
(2〜3杯分)

にんじん	2本
りんご	1個
セロリ	50g
パセリ	50g
レモン	1/8個

つくり方

1. 材料をよく洗い、グラスにレモンを搾ります。
2. レモン以外の材料を皮付きのまま適当に切り、ジューサーにかけます。
3. グラスに茶こしをのせて②を注ぎ、よく混ぜてできあがり。

基本のジュースにセロリ・パセリと同じ要領で加えましょう。50～100ｇが目安です。

cucumber *

※きゅうりを加えて

むくみ、肥満に効果あり。
高血圧、心臓病にも。

※パイナップルを加えて

食べすぎによる下痢、便秘に効果的です。

pineapple *

Strawberry *

※いちごを加えて

貧血の人におすすめ。

※キャベツを加えて

胃潰瘍、肝臓病、がんの予防に効果があります。

cabbage *

「朝だけ断食」に慣れたら挑戦！

断食は段階を踏んで

「もっとダイエット効果を高めたい！」という人は、2食を抜く「半日断食」、そして3食を抜く「1日断食」に挑戦してもよいでしょう。

ただし、いきなり挑戦してはいけません。**「朝だけ断食」を1～2週間行って、慣れたら半日断食を。**仕事や学校のある人は、休日に行うとよいでしょう。**2～3回成功したら、次はいよいよ1日断食を。**

数日かけて行う長期の断食は、自己流でやるのは危険です。必ず断食道場などの施設で行うことをおすすめします。

まずは半日断食

《メニュー例》

・朝食　にんじん・りんごジュース2〜3杯（にんじん2本、りんご1個）。
・昼食　にんじん・りんごジュース2〜3杯（にんじん1本、りんご2個）。
・夕食　ご飯を茶碗6分目。梅干し2個。しらすおろし小鉢1鉢。わかめと豆腐入りの味噌汁1杯。

昼食でりんごを多くしたのは、だんだん血糖値が下がってくるので糖分を補うためです。

夕食の梅干しとしらすおろしは、休んでいた胃腸にやさしく刺激を与え、消化を助けてくれます。そして、豆腐と味噌でたんぱく質を補います。特に味噌は、断食中に尿から多量に排泄された塩分を補ってくれます。

1日断食に挑戦！

《メニュー例》

・朝食、昼食、夕食

にんじん・りんごジュース2～3杯ずつ（にんじん2本、りんご1個）。

・午前10時、午後3時

しょうが紅茶1～2杯ずつ（黒砂糖またははちみつ入り）。

1日断食でもっとも注意すべき点は、翌日の朝食、つまり「補食」の進め方。断食で消化器官の働きがストップしていたので、翌朝はまだ、食べ物を消化・吸収する準備ができていません。玄米の重湯と味噌汁、梅干しと大根おろしからはじめましょう。よくかんで、自然に口の中が空になったらまたひと口と、ゆっくりゆっくり時間をかけて食べます。**半日断食中**

でも1日断食中でも、もし空腹を感じたら、黒砂糖かはちみつ入りのしょうが紅茶を飲むか、黒糖あめを1〜2個だけ口に入れましょう。

断食を避けたほうがいい人は？

薬を飲んでいる人、体重が35kg以下の女性や授乳中の人などは、断食はおすすめできません。

めまいや腹痛、冷や汗や手足のふるえなどの低血糖症状を起こしたときは、まずは黒糖あめをなめて。改善されなかったら、すぐに断食をストップしましょう。

「朝だけ断食」でカラダがかわった!

Lunch time
あ、しょうが紅茶飲んでる。調子はどう?

バッチリ!ダイエット続いてますよ〜!

ランチもだいぶかわったのね。

はい、唐辛子
おそば食べてます!あと、朝だけじゃなく食前とか、昼間お腹が空いたときは黒砂糖入れたしょうが紅茶を飲んでるんですよ!

最初の1週間は、お腹が空いてちょっとつらかったですけどね……。

お酒や甘いものはダメ!っていうダイエットじゃないから、そんなにストレスはなかったです。

ウエストもくびれてきたんです!

……

ん?

ヌー!

ブハッ
すご〜い
このダイエットって、先輩たちがやってるやつじゃないですか?この本にも出てますよ!

ダイエット
あら〜

ほんとだ〜。

すごいの〜

課長!?

うわぁ

体験談

●7日間で2kg減！　花粉症も治った！

（Iさん／女性・36歳）

春が近づくたびにつらい花粉症に悩んでいました。石原先生のクリニックでも「水毒」と診断され、先生おすすめのダイエットをはじめることにしたのです。たった1週間で2kgも減って、スカートも明らかにゆるゆるに！　肝心の花粉症も、ティッシュを手放せない状態だったのが、ちょっと鼻と目がムズムズするかな、という程度まで改善したのです。

●6カ月で体重が55kgから45kgに！

（Kさん／女性・39歳）

20歳のときは、体重は45kgのスリムな体型だったのが、毎年、年齢を重ねるごとにきっちり500gずつ増え、いつの間にか55kgに！　さっそく先生おすすめのダイエットをはじめました。はじめて1週間は、体重は1kgも減らなかったのですが、1カ月で2.5kg減、2カ月で5kg減。6カ月目には45kgの体重に戻ったのです！

『「朝だけしょうが紅茶」ダイエット』（PHP文庫）より

わたしも、このダイエットをはじめてから、なんだかからだが軽くなりましたよ。
朝から頭が冴えてるから、仕事もはかどるし！
お肌も
ツヤツヤ♡
リバウンドしないで、長続きできそうね♪
ハイッ
わしもやろうかのー
メタボ!?

ダイエット中も食べたいスイーツ・レシピ 2

黒ごまだんご

黒ごまの香ばしさと、きなこの風味がよく合います。どちらも栄養満点のヘルシー素材！

つくり方

❶黒ごまは、使う直前に煎り、すり鉢などですります。
❷ボウルに黒ごまときなこを入れます。粉黒砂糖を好みの分量入れ、少しずつ紅花油を加えます。適度な硬さになるまでよく混ぜます。
❸小さいスプーンですくってラップの上にのせ、茶巾絞りにすればできあがり！

材料
（25個分）

黒ごま……………………80g
きなこ……………………80g
粉黒砂糖、紅花油
……………………各適量

1日3～5個食べるとよいでしょう。残っただんごは、密閉容器に入れて冷蔵庫で保存しておきましょう。

石原式・手づくり黒豆

黒豆は、イソフラボンという女性ホルモン様物質が含まれます。肌荒れや生理不順など、女性特有の悩みに効果的！

つくり方

①黒豆はよく洗い、ひたひたの水にひたして冷蔵庫にひと晩おきます。
②①を鍋に移し、水をたっぷり足して火にかけます。沸騰したら、ざるにあけます。
③昆布はコンロの火であぶっておきます。黒豆を鍋に戻して昆布を入れ、水をたっぷり注いで火にかけます。吹きこぼれないように気をつけながらコトコト煮ます。途中で水が少なくなったら足します。
④黒豆がやわらかくなったらAを加えて強火にします。木べらでゆっくり混ぜた後、藻塩を加えます。さらに混ぜて味をなじませます。
⑤鍋を火からおろします。冷めてから昆布をとりだし、冷蔵庫にひと晩おきます。
⑥翌日味見をして、甘みが足りなければはちみつを加えて完成！

材料
（つくりやすい分量）

黒豆（丹波産）………500g
水（ミネラルウォーター）
…………………………1ℓ〜
昆布…………………… 3㎝角
A ┌ 粉黒砂糖………300g
  │ はちみつ ………適量
  └ てんさい糖……100g
藻塩………………………少々

にんじんとりんごのジャム

にんじんとりんごの栄養がつまったジャム。パンケーキの生地に混ぜたり、熱々のワッフルにトッピングしておやつにどうぞ！

つくり方

❶にんじんとりんごをよく洗い、皮ごとすりおろします。
❷鍋に❶とレモンの搾り汁、はちみつを入れ、ふたをして30分ほどおいておきます。
❸❷を火にかけます。焦がさないように木べらで混ぜながら煮つめ、水分を飛ばします。
❺食べる直前に黒ごまを煎ってすり、トッピングして完成！

密閉容器に入れて冷蔵庫で保存し、１週間程度で使い切りましょう。

材料
（つくりやすい分量）

にんじん	2本
りんご	1個
レモンの搾り汁	1/8個分
はちみつ	大さじ5
黒ごま	適量

第3章

カラダを温めて、ダイエット不要の「やせ体質」に

やせ体質をつくる!「カラダ温め」大作戦
エアコン
戻りました~
今日も暑いですよ~。こんな日は冷たい飲み物がおいしいですよね!
ごくっごくっ
でも室内は冷房が効いているわよ。大丈夫?
先輩、寒いの苦手なんですか?
カーディガン
ひざ掛け
うひゃ~
そういうわけじゃないけど……。からだを冷やすとやせにくくなるしね。
え?そうなんですか?
そうよ。からだを温めれば代謝が高くなってやせやすくなるし、老廃物も出て血液サラサラ、肌もキレイに!健康的に「やせ体質」になれるのよ。
からだを温めるだけで、特別なダイエットをする必要もないから、長期的に考えるとそのほうが断然ラクよね。
ダイエットいらず!? 先輩、その話、詳しく聞かせてください!!

1日の「カラダ温め」プログラム

《食事》（70〜77ページ参照）
- 朝食、昼食は「朝だけ断食」ダイエットと同じ。
- 夕食はなるべく「からだを温める食品」を中心に。食べたいときは何を食べてもOK。

《運動》（78〜93ページ参照）
- 起床後、昼食前、夕方などできるときにアイソメトリック運動１セットずつ。
- 通勤途中などで、20〜30分ウォーキングをしても。

《入浴》（94〜99ページ参照）
- 起床後、できれば熱めのお湯に浸かる入浴。
- 寝る前は３－３－３入浴または半身浴。

からだを温めるには、「食事」「運動」「入浴」がポイントよ！

そ、そんなに簡単なんですか！
ぐしゃ
もちろん、毎日のことだからムリはしないで。この方法は、長期的に見て「からだを温めてやせ体質に改善する」のが目標。少しずつでも、続けることが大事なの。
なるほど!!
……でも、いくらからだを温めるのが大事でも、暑いときは冷たいものを飲みたいです……。
暑い
ギュルルー
あ、冷たいもの飲みすぎてからだが冷えちゃった……。

「カラダ温め」は毎日少しずつ

「やせ体質」をつくる生活習慣

本書で紹介するダイエットの基本は、からだを温めて代謝を高め、老廃物を出して血液をキレイにしながら、健康的にやせること。**長く続けてもムリがない、「キレイ」と「健康」を両立させたダイエット**なのです。

第2章で紹介した「朝だけ断食」ダイエットで飲むしょうが紅茶だけでも、からだを温めて代謝を高め、やせやすい体質にかえてくれます。それだけでも高い効果が期待できるのですが、第3章では、ダイエット効果をさらに上げるため、生活習慣の中からからだを温める方法を紹介していきます。

ポイントは「食事」「運動」「入浴」

そうはいっても、ダイエットのためにいろいろやるのは面倒くさいし続かない……という人もいるでしょう。ですがこれから紹介する方法は、どれも**「毎日の生活スタイルをちょっとかえて、体温を上げる」**ものばかり。ポイントは、「食事」「運動」「入浴」の3つです。できるものから、少しずつとり入れていきましょう。

《食　事》

効果的にやせるのに必要なのは、綿密なカロリー計算ではなく代謝を高めること。つまり、からだを温めることのほうが大切なのです。

甘いものやアルコールをガマンしなくても、毎日、からだを温める食事を摂るように心がけるだけでOK。面倒くさいカロリー計算なんて、一切不要です！（詳しくは70〜77ページ参照）

《運　動》

学生のときは部活動などでからだを動かす習慣があった人も、社会人になってめっきり運動する機会が減り、太ってしまった……という人も多いでしょう。

運動で筋肉を動かすと、筋肉細胞が活性化して代謝が高まります。ここで注目したいのが、この筋肉細胞の活性化は、運動中だけでなく運動後も持続するということ。**1回の運動で代謝の上昇が続く時間は、なんと約24時間！** 毎日、少しでも運動をすれば、効果はテキメンです。

走ったり、激しい筋トレをする必要はまったくありません。毎日の通勤にウォーキングをとり入れたり、1日2分アイソメトリック運動をするなど、ちょっと筋肉を動かすだけでOKなのです！（詳しくは78〜93ページ参照）

《入　浴》

毎日の生活の中で、もっとも簡単にからだを温める方法は「入浴」。ちゃんと湯舟に浸かる入浴と、シャワーですませる入浴では、健康面でも雲泥の差が生まれます。

「3―3―3入浴」や「半身浴」など、からだを温める効果の高い入浴方法を習慣にしましょう。（詳しくは94〜99ページ参照）

「やせる食べ物」ってどんなもの？

色が濃い、北方産の食べ物はやせる！

「やせる食べ物」とは、ひと言でいえばからだを温める食べ物。漢方医学では、2000年も昔から、からだを温める陽性食品と、からだを冷やす陰性食品を厳然と区別してきました。同じカロリーでも、陽性食品のほうが脂肪や老廃物を燃焼させるので、より減量しやすいのです。

陽性食品の見分け方は簡単！　ひとつめのポイントは「色」です。**からだを温める陽性食品は、赤・黒・だいだい・黄というように暖色系の濃い色**をしています。一方、からだを冷やす陰性食品は青・白・緑などの寒色系です。

もうひとつは、「産地」。**寒いところでとれる食べ物はからだを温めます。**

一方、暑いところでとれるバナナなどはからだを冷やす食べ物。

ここで注意したいのが、色よりも産地が優先されるということ。コーヒーやトマトは暖色系の食べ物ですが、南方産なので、からだを冷やす食べ物の部類に入るのです。

また、**陰性食品でも、熱や塩を加えるとからだを温める食品に変化する**ものがあります。たとえば、緑茶は陰性食品ですが、熱を加えて発酵させ、紅茶にすると陽性食品になります。大根も陰性食品で、塩と圧力を加えてたくあんにすると陽性食品になります。

もし、冷え性の人がどうしても陰性食品を食べたいときは、火や塩を加えて食べるとよいでしょう。

ふわふわの食べ物は太る！

色の薄いふっくらとしたものが好きな人は、なんと体型もふっくらしやすいのです！　漢方医学ではこれを「相似の理論」といいます。

パン、ケーキ、みかん、グレープフルーツなど、**やわらかくて色の薄いものは、太る**性質があります。反対に、水分の少ないごぼう、にんじん、れんこんなど、色が濃くて身の引き締まったものを食べれば、からだも引き締まります。

また、季節の食べ物にも意味があって、春野菜は活動の少ない冬の間にたまった毒素をキレイにする働きがあります。からだを温める食べ物を摂るだけでなく、**旬の食べ物を摂る生活も、キレイで健康的なからだをつくる秘訣**です。

カラダを温める食べ物、冷やす食べ物

温める食べ物

赤・黒・だいだい・黄色（暖色系）の食品

【例】根菜類、あずき、黒豆、赤身の肉など

北方でとれる食品

【例】プルーン、りんご、ぶどう、さくらんぼ、鮭、たらなど

硬い（水分が少ない）食品

【例】米（特に玄米）、チーズ、全粒粉のパン、そばなど

塩辛い食品

【例】味噌、醤油、ちりめんじゃこ、明太子など

冷やす食べ物

青・白・緑色（寒色系）の食品

【例】葉物野菜、牛乳、大豆、うどん、緑茶など

南方でとれる食品

【例】バナナ、トマト、カレー、すいか、きゅうり、コーヒーなど

やわらかい（水分が多い）食品

【例】精白パン、バター、ジュース、マヨネーズなど

酸っぱい食品

【例】酢、かんきつ類など

炭水化物もしっかり摂って

歯の形に合った食生活を

よく「炭水化物を食べると太る」「ご飯より、おかずをしっかり食べてたんぱく質を摂るべき」といわれます。しかし、健康なからだをつくるには「歯の形に合った食生活をする」ことが重要です。

人間の32本ある歯のうち、20本は

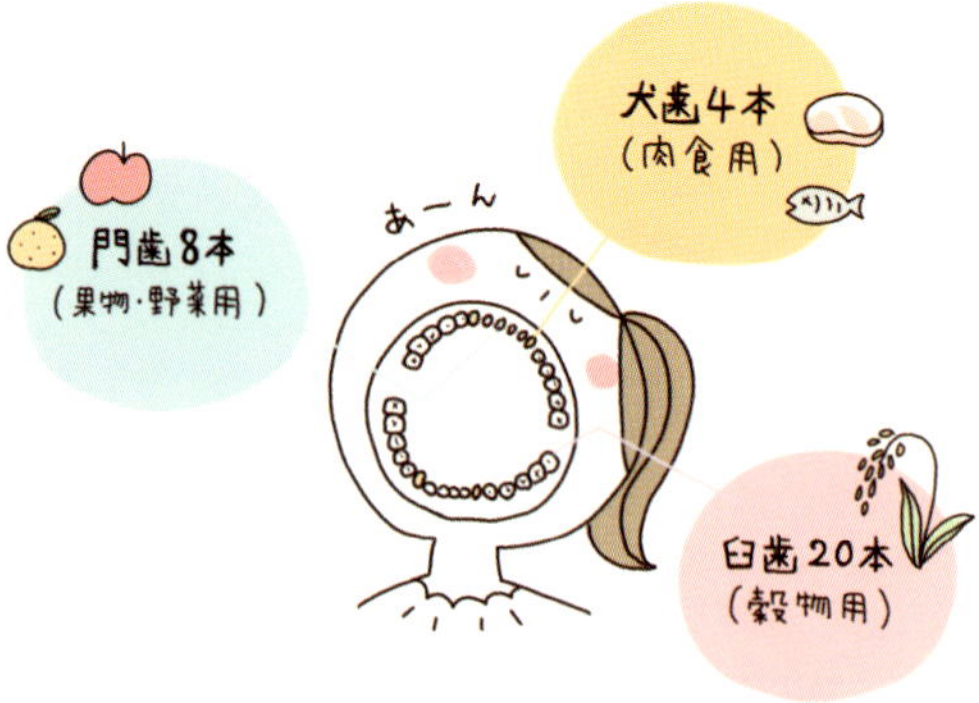

犬歯4本
(肉食用)
門歯8本
(果物・野菜用)
あーん
臼歯20本
(穀物用)

☆歯の形に合った食生活☆

穀物用の臼歯。８本が果物・野菜用の門歯。残り４本が肉食用の犬歯。つまり、**食事全体で穀物が60％、果物・野菜・海藻類で20～30％、肉・魚類で10％**というバランスが、もっともからだに適した食べ方なのです。

動物性たんぱく質を摂りすぎると太りやすく

動物性たんぱく質を摂取すると、肝臓でアミノ酸に分解され、過剰分は血液に流れます。すると血液は酸性に傾き、それを中和しようとからだは、骨などから、カルシウムやマグネシウムなどのミネラルを引き出します。結果、体内のミネラルが不足し、からだはシグナルを出します。そのシグナルが空腹感を感じさせ、食べ物が欲しくなり、すでに過剰となったものを再び摂るという悪循環がはじまり、太る要因となるのです。肉や魚などの動物性食品は、１日１００g以下にするとよいでしょう。

塩分や糖分はカラダに悪い？

塩分は摂りすぎより不足に注意！

塩は「血圧を高くするので健康に悪い」と思われがちですが、人間にとって欠かせない大切な食品。ダイエットにも有効で、**からだを温め、引き締める**作用があります。また、**体内の有害物質を解毒する**作用もあり、汗や尿となって、老廃物を外にどんどん出してくれます。汗がしょっぱいのは、殺菌効果のある塩が成分だからです。

もしからだが塩分を欲していたら、ムリして減塩せずに、本能に従って食べることのほうが正しいのです。よく売られている精製塩でなく、ミネラルが豊富に含まれた自然塩を摂るとよいでしょう。摂りすぎが心配な人は、「出す」ことを考えましょう。汗や尿の出をよくすれば、余分な塩分も水分と一緒に出ていくので問題ありません。

糖類は黒砂糖やはちみつがおすすめ

「砂糖は甘いから太る」と、ダイエット中は控える人も多いでしょう。ですが、砂糖の中でも、しょうが紅茶に使う黒砂糖やはちみつなどは陽性食品。からだを温め、引き締める効果があります。

黒砂糖には、糖分の燃焼に必要な、ビタミンB_1・B_2、鉄分、亜鉛などのミネラルもたくさん含まれるので、体内で糖分が燃焼されて代謝を高めてくれるのです。はちみつも同じような効果がありますが、色が濃い黒砂糖のほうがより効果的です。

筋肉を動かすと、ぐんぐんやせる！

筋肉を動かすと体温が上がる！

寒いときにからだが震えるのは、筋肉を動かして体温を上げるため。**人間の体温の40％以上が筋肉からつくられています**。運動不足で筋肉を動かさないと体温が下がり、やせにくくなってしまいます。

それだけではありません。体温が

下がるとからだを動かすことが面倒になって、筋肉は減少し、どんどん太るという悪循環におちいってしまうのです！

「ちょっと動かす」だけでも効果的

運動はなかなか続けられない……という人は多いのですが、美容と健康のためには、筋肉を「ちょっと動かす」だけでＯＫ！

激しい筋トレや短距離走などの無酸素運動は、体内に活性酸素を発生させて、血液中の過酸化脂質や乳酸などを増やしてしまいます。すると、血液を汚してしまい、かえって逆効果。

健康によい運動とは、**うっすらと汗をかき、運動後に爽快感がある程度**の軽いもの。血行がよくなり、**体温が上がって発汗と排尿が促されるので、老廃物が効率的に排泄されます。**

手軽なウォーキングはメリット大！

ウォーキングは筋肉を効果的に動かす

「だるい」「やる気が出ない」「疲れやすい」という人は、老廃物が血液中にたまっている証拠。それを手軽に追い出す運動がウォーキングです。

ウォーキングで体温を上昇させると、脂肪、コレステロール、糖分などの栄養素が利用・燃焼され、呼気や汗、尿としてムダなものがどんどん排泄されていきます。汗をかくと気持ちいいのはそのためです。

人体の筋肉の多くは、おへそより下の下半身に集中しています。ウォーキングは、大臀筋《だいでんきん》や、大腿四頭筋《だいたいしとうきん》、大腿二頭筋《だいたいにとうきん》、ふくらはぎの筋肉など、下半身にある筋肉を効果的に動かす運動です。また、歩くたびに足の裏が刺激されるので、全身の血行がよくなります。

歩くときは、**1分間に70〜80mという、ゆっくりしたスピードでOK**。ゆっくりと深い呼吸を心がけるようにしましょう。すると全身に新鮮な酸素がめぐり血行をよくするだけでなく、肺機能も一緒に強化されます。**目標は1日1万歩**です。

やせるだけじゃなく人生が楽しくなる!

他にも、ウォーキングによる健康効果はたくさんあります。下半身の血圧が多く保持されるため、高血圧にも効果があります。しかも、自分の体重で骨と筋肉が刺激されることによって、骨へのカルシウムが沈着され、骨《こつ》粗《そ》鬆《しょう》症《しょう》の予防にもつながります。

また、歩くと脳からα波（リラックス脳波）が出て、快感ホルモンも分泌されます。自律神経を整え、ストレス解消にも効果があるのです。駅までの道、景色を楽しみながらウォーキングするのは、心のゆとり！　その気持ちよさに、もうひと駅分歩きたくなったら大成功です。

下半身を重点的にきたえる！

下半身の筋肉を「動かす」ウォーキングに慣れてきたら、次は少し負荷をかけて、筋肉を「増やす」運動をしてみて。忙しくて時間がとれなかった、あるいは天気が悪くて外に出かけられなかったときなどにウォーキングの代わりに行うのもよいでしょう。

次のページで紹介するカーフレイズとスクワットは、下半身の筋肉強化に効果的です。

下半身をきたえる カーフレイズ＋スクワット

1セットは5～10回。3セットくらいからはじめて、自分のペースに合わせて、少しずつ増やしていきます。

カーフレイズ

両足を肩幅と同じくらいに開いて立ち、かかとを上げる、下げる、の動作をくり返します。

スクワット

両足を肩幅よりやや広く開いて立ち、手を後頭部で組んで、息を吸いながらしゃがみます。息を吐きながら立ち上がり、元の姿勢に戻ります。このとき、なるべくお尻は後ろに、胸は前に突き出すようにします。

1日2分、スキマ時間で筋肉強化

おすすめはアイソメトリック運動

アイソメトリック運動とは、筋肉を伸ばしたり収縮させることなく、同じ姿勢で行う運動のこと。**いつでもどこでも、座ったままでも立ったままでもできます**。もちろん、**特別な器具も必要ありません**。

筋肉を刺激することによって血行がよくなり、代謝が高くなってやせやすくなります。また、**筋肉が強化されるので、実際の体重減以上にからだが引き締まって見えます**。立ち姿勢も美しくなって、いきいきと輝いた女性になれるのです！

1日2分でやせる！

ひとつの動作は、約7秒間。自分のもっている力の60〜70％を使い、力を入れるときは呼吸を止めないことがポイントです。これだけで、筋肉に十分な刺激を与えられます。

次のページから紹介する**基本動作の1から6までを1セットとしてもたったの42秒。起床後、昼食前、夕方など、できるときに1セットずつ、合計3セットやっても約2分です**。1日2分で、気づいたときにはやせている！　そんな驚くべき効果があるのです。

運動の基本として、上半身からはじめ、次第に下半身に下げていくほうが、筋肉のこりや疲れが残りにくい傾向があります。次のページから紹介する6つの動作も、上半身からはじめます。

アイソメトリック運動の基本動作

基本動作の1～6までを1セットとして、1日3セット行いましょう。自分のもっている60～70%の力で、ゆっくり呼吸しながら行って。

1

手を胸の前でかぎ形に組み、7秒間、
左右に引っ張り合います。
腕、胸、肩、お腹を引き締める効果が。

2

❶の手を首の後ろに回し、7秒間、左右に引っ張り合います。
首、背筋、お腹を引き締めます。

3

❷の姿勢のままで、７秒間、
お腹に力を入れます。
腹筋をきたえ、お腹の脂肪を
とります。

4

❸の姿勢のままで、７秒間、
両足に力を入れます。
太もも、ふくらはぎ、お腹を
引き締めます。

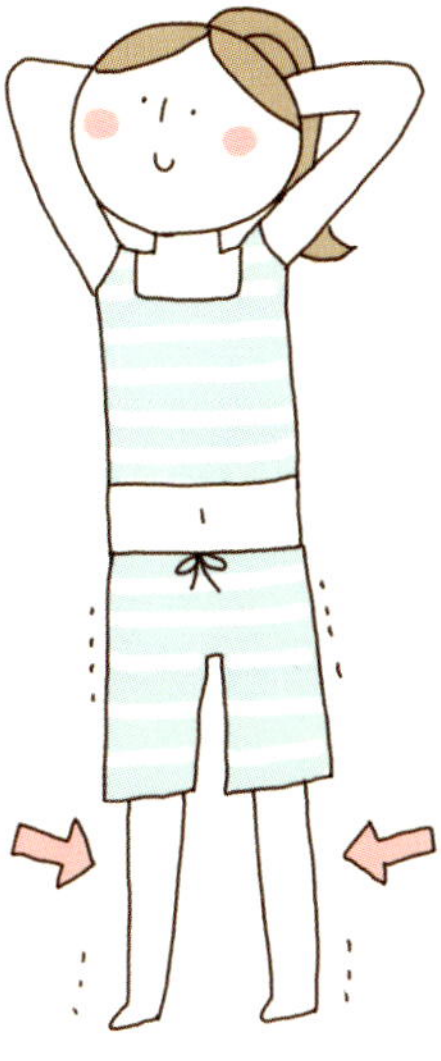

5

④の姿勢からしゃがみこみ、
７秒間、お尻から足に力を入れます。
腰から下の筋肉をきたえ、太ももやお尻を引き締めます。

6

立った姿勢からつま先立ち、
そのまま７秒間静止します。
お腹や、特にふくらはぎを引き締めます。

座ったままでもOK!

電車の中やオフィスなど、座ったままでも簡単にできる運動をとり入れてみましょう。

3′

座ったままお腹に力を入れ、
1㎝くらい足を浮かせます。
87ページの③と同じ効果です。

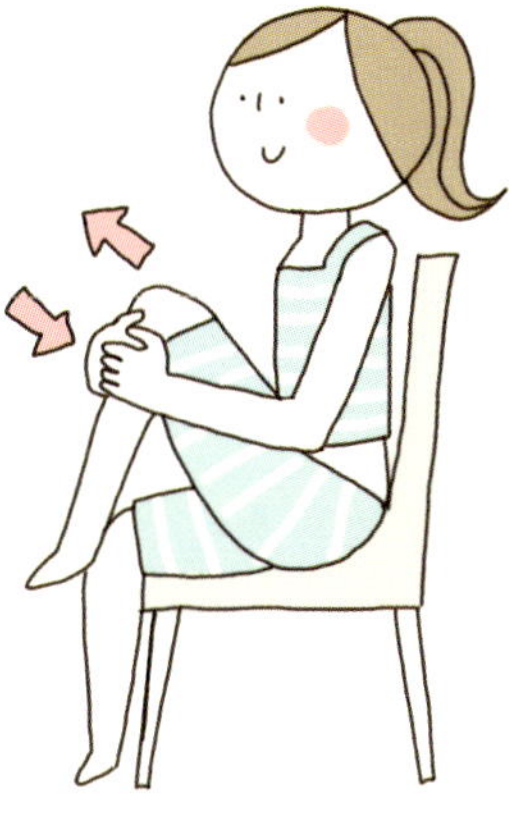

4′

座ったまま腕でひざを抱えて引き寄せます。ひざは前に押し出し、反対方向に力をかけ合います。反対側も同様に。87ページの④と同じ効果です。

アイソメトリック運動の応用動作

基本だけでも効きますが、応用を続けて行えば、さらにダイエットに効果的です！

1

胸の前で手のひらを合わせて、７秒間、押し合います。
腕、胸、肩、お腹を引き締めます。

2

両腕を後ろに伸ばし、7秒間、力を入れます。
上腕のたるみ、脂肪をとります。

3

両手を組んで、頭の上に上げた状態から右側に倒して７秒間、左に倒して７秒間、それぞれ力を入れて姿勢を保ちます。

わき腹のぜい肉をとり、お腹を引き締めます。

座ったままでもOK！

3''

いすに腰掛けて両手を前に組み、左右それぞれ７秒間、静止します。

3'

床に座って❸と同じ動きをします。

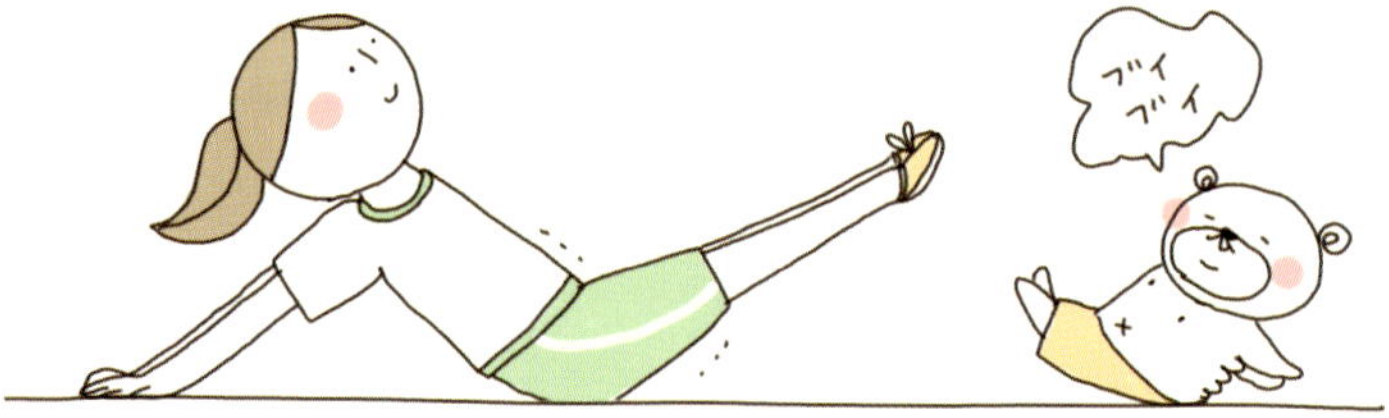

4

床の上に座って両手を床につけ、両足をピンと上げます。からだがＶ字型になったままの姿勢で力を入れて、７秒間、姿勢を保ちます。

腹筋をきたえ、お腹を引き締めます。

5

片足で立ち、もう一方の足を後ろに上げて力を入れ、７秒間、静止します。
お尻や太ももを引き締め、キレイな足のラインをつくります。

6

床に座り、89ページの④と同じ要領で、ひざと手で押し合います。太もも、ふくらはぎ、お腹を引き締めます。

カイロを使って効果アップ！

大きな筋肉を温めながらアイソメトリック運動をすると、より大きな効果が期待できます。使い捨てカイロを使えば簡単に温められるので、ふくらはぎやお腹など、気になる部分に貼ってみましょう。

バスタイムも「カラダ温め」時間に！

湯舟に浸かる入浴の効果

仕事から疲れて帰ってくると、ついついシャワーですませがち。でも、**湯舟に浸かる入浴には、からだを芯から温める強力なパワーがあります！**

肩までお風呂に浸かると、からだにはかなりの水圧がかかります。この圧力にはリンパマッサージと同じような効果が。血行をよくし、新陳代謝を高めます。腎臓の血流を促し、老廃物を外に出す働きもアップします。

また、浮力によってからだが重力から解放され、日頃のイヤなことも吹き飛びます。β-エンドルフィンなどの快感ホルモンが分泌されるので、心もからだもリラックスできるのです。

やせる効果が高まる入浴

入浴前、しょうが紅茶で代謝を高めておきます。入浴方法は、次のページから紹介する**「半身浴」や「3‐3‐3入浴」がおすすめ**。じっくりからだを温め、発汗力が高まります。

温度は、「気持ちいい」と感じる温度が「適温」。疲れているときは、高めの温度が気持ちいいと感じるようですが、その日の自分の体調と心の状態を見つめるいい時間にもなります。

湯上がりには、からだを冷やさないように、出てくる汗をタオルでしっかり拭くことが大切！　冷たい飲み物は避け、どうしても飲みたいときは、にんじん・りんごジュースがおすすめです。

カラダがポカポカになる入浴方法

◉半身浴

下半身を集中的に温めて血行をよくします。
下半身太りが気になる人に、特におすすめです。

手順

1

ぬるめのお湯(自分が気持ちいいと感じる温度でOK)に、みぞおちから下を浸けます。肩が冷えないように、乾いたタオルをかけるとよいでしょう。

2

20～40分ほど湯舟に浸かります。

◎3-3-3入浴

半身浴をする時間がない、というときはこの方法がおすすめ。かなりの発汗作用で、消費カロリーはおよそ300kcal!

手順

1

熱めのお湯（自分が気持ちいいと感じる温度でOK）に、3分間浸かります。

2

湯舟の外で3分間休みます。

3

❶→❷を3回くり返します。

注意!

最初は週3回からはじめ、慣れたら回数を増やします。湯あたりに注意して。高血圧、心臓病など循環器系に問題のある人は、3-3-3入浴は避けましょう。

バリエーションを楽しむ薬湯いろいろ

半身浴を楽しむときは、お風呂にさまざまな薬効のある素材を入れて楽しんでも。

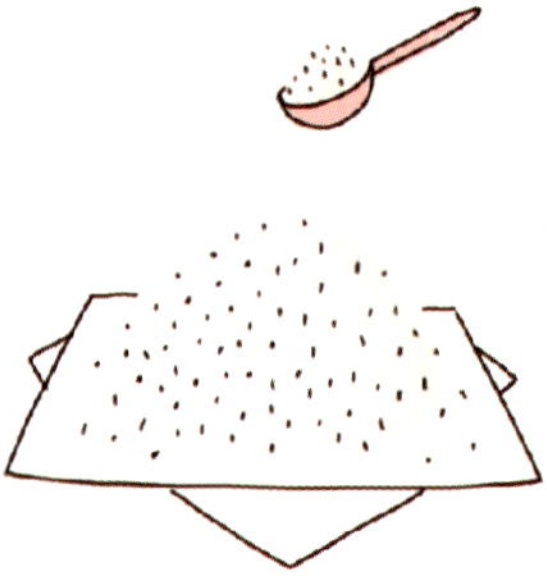

自然塩

ひとつかみの自然塩を湯舟に入れるだけ。からだが芯まで温まります。

しょうが

しょうが１片をすりおろし、湯舟に入れます。布袋に入れてもOK。こちらもからだを温める効果が。入浴後はシャワーで洗い流しましょう。肌がかゆくなる人は避けて。

びわの葉、桃の葉

細かく刻んで湯舟に入れます。気になる人は布袋に入れて浸けても。肌トラブルに効果があります。

ばらの花

花を数個お湯に入れると、リラックス効果が。ぜいたく気分になりたいときに！

みかん、レモン

みかんは皮を乾燥させて、レモンは輪切りをそのまま入れます。レモンには美肌効果、みかんにはからだを温める効果が。

重曹

大さじ２程度を湯舟に入れます。肌がつるつるになります。

大根の葉の煮汁

大根の葉を１週間、天日で乾燥させ、鍋に入れて煮出します。湯舟には煮汁を加えます。冷え性や婦人病に効果が。

目指せ!「やせ体質」キープ
お泊まり
あ〜 さっぱりした〜。
ホカ ホカ
この家のお風呂、居心地いいね♪
以前は、シャワーだけのことが多かったんですけど、からだを温めるために、きちんと湯舟に浸かろうと思って。入浴剤にこだわったり、癒し空間を目指してるんです。
じゃあ、わたしもお風呂に入ってきますね!
サッ
あれ、今日は運動しないの? お風呂入る前に毎日やってるってこの間いってなかったっけ?
今日は…… いいかな。な〜んて……。
バレタか
うっ急にお腹がっ!!
たった2分! 簡単な運動! なんですけどねえ〜。
毎日はなかなか続かないんですよ〜。
朝とか、昼間、仕事の合間とか、やれるときにはちゃんとやってますよ! 通勤のときも、たまにひと駅分ウォーキングしてますし……。
エヘヘヘエヘヘ

前は、1日お休みすると、やる気もなくなって、やめちゃうことが多かったんですけどね～。
確かにそうね。1日お休みしたからって、あきらめないほうが大事かも。少しずつでも、続けていけば、リバウンドしないしね。
わたしも今日は1回休みにしよう！
パアッ
そうですよね！
パアッ
最初の目標は達成したんですよ！この間は入らなかったワンピースがちゃんと入るようになったんです！
あ、カワイイ～。
パアッ
パアッ
パアッ
パアッ
パアッ
それに！
体重も着実に減っているし！基礎代謝も高くなったんです！
パアー
先輩も測ります!?
ジャーン
高級メーカー……
ずいぶん高いの買ったんだ……。
それに！
会社で冷房がきついときは、からだを冷やさないようにしようと思って！実家から、ちゃんちゃんこを送ってもらったんです！
パアア
バーン
……。それはやめたほうがいいと思うわ……。
ぶちっ
ダイエットはラクにのんびり、ずっと続けて「やせ体質」キープを目指します！　～おわり～

ダイエット中も食べたいスイーツ・レシピ 3

バナナのヨーグルト煮

からだを冷やすバナナも、加熱調理して食べればOK！　バナナの甘みが、プルーンとヨーグルトの酸味にマッチします。

つくり方

1. バナナはひと口大に切ります。
2. 鍋にバナナとドリンクヨーグルト、ドライプルーンを入れて火にかけます。バナナに火が通ったらできあがり！

材料
（2食分）

バナナ……………………1本
ドリンクヨーグルト‥200ml
ドライプルーン（種なし）
……………………………6個

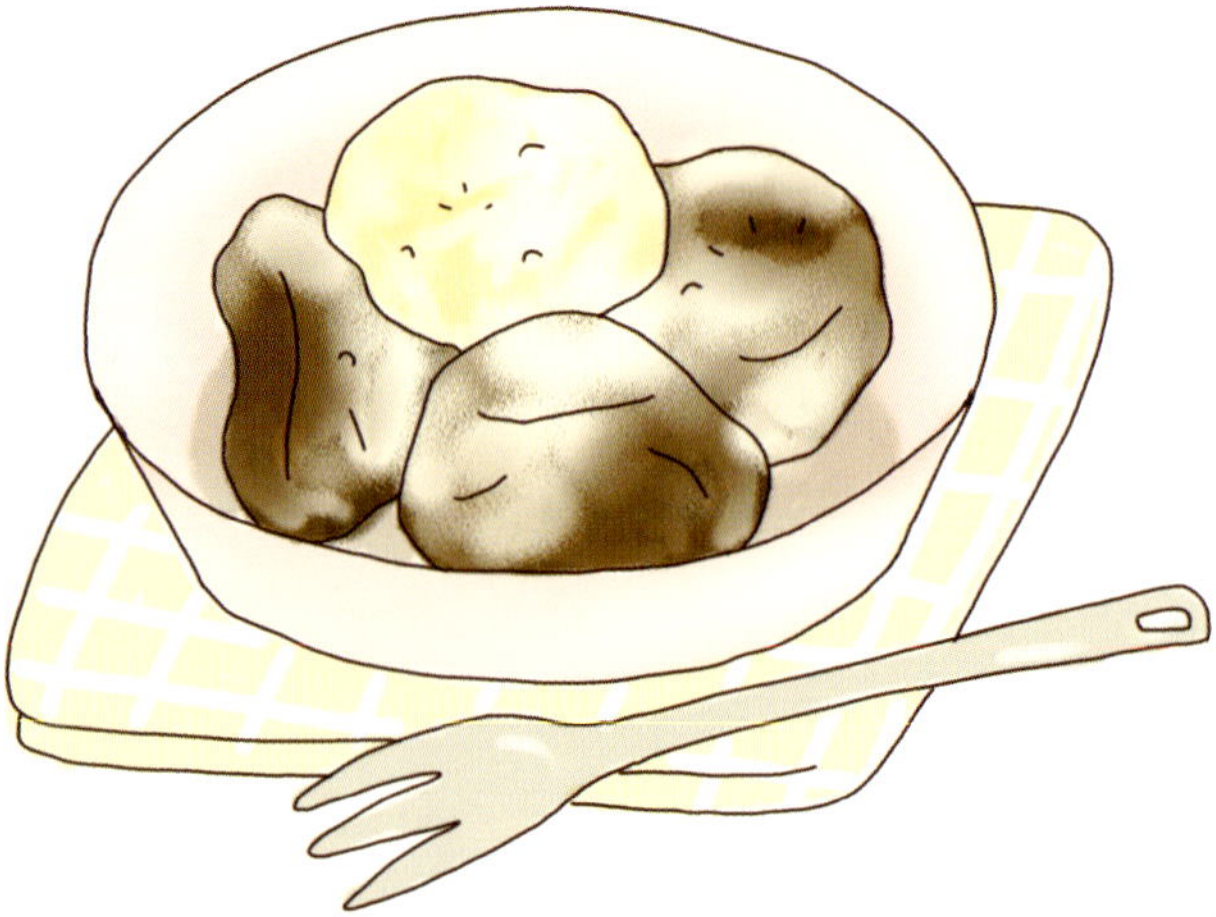

第4章　もっとキレイに！　健康に！

サラサラの血で美肌づくり

ダイエット中も美肌キープはマスト！

がんばってダイエットをしていたら、髪の毛パサパサ、お肌カサカサ……。これでは、美しくやせることはできません。美肌キープは女の子にとって、いつどんなときでもはずせない課題ですよね！

「血色がよい」「うるおいがあり、なめらか」「シミやくすみがない」……美肌の条件はいろいろ挙げられると思います。ではどうしたら、ダイエットと両立しながら、美しく健康的な肌を手に入れることができるのでしょうか？

健康な肌はサラサラの血から

美しく健康的な肌をつくるには、血液の流れが重要な役割を果たしています。

肌の細胞に栄養を送り届けるのは血液です。この**血液の流れが滞ると、肌の細胞に栄養や水、酸素が届かず、老廃物もたまっていく**一方。すると、**新陳代謝（肌が生まれかわる力）が低下して、血色が悪くなる、シミやニキビができるなどの悩みが増えてしまう**のです。

反対に、血行がよければ、肌の表面の汗腺や皮脂腺が十分に働いて、肌にうるおいやなめらかさを与えます。また、シミやくすみの原因となるリポフスチンなどの色素や老廃物も、肝臓や腎臓などの解毒器官に運んでくれるのです。

本書の第3章までで紹介した方法は、からだを温め、血行をよくするので、美肌づくりにも効果的です。適度な運動と、湯舟に浸かる入浴。それに、十分な睡眠やストレスをためないことを心がければ、ダイエット成功だけでなく、美肌を同時に手に入れることも！

乾燥が気になるときは

「冬になると肌がカサカサになっちゃう」と悩む人もいるでしょう。

乾燥を防ぐには、汗腺や皮脂腺を活発にすることが必要。つまり、血行をよくすること。それに加えて肌の保湿力を高めることも重要です。

海藻類や大豆製品、山いもやオクラなどのネバネバ食品は、肌の保湿力を高める効果があります。積極的に摂るとよいでしょう。

大人ニキビができてしまったら

基本のにんじん・りんごジュースにごぼうをプラスしましょう。**ごぼうにはタンニンが含まれ、肌の消炎・引き締め作用が**。また、**体内の老廃物を排泄する作用も**あります。

つくり方は簡単。にんじん2本、りんご1個、ごぼう100gをジューサーにかけます。1日2〜3回に分けて飲むか、朝食の代わりに飲むとよいでしょう。

水の飲みすぎが頭痛・肩こりの原因!?

頭痛・肩こりにもしょうが紅茶

不快な頭痛や肩こり。ひどいときは、何も手につかなくなるくらい。これらの症状、実は冷えや水（湿気）が原因で起こることが多いのです。

その証拠に、**慢性的に頭痛や肩こりで悩む人は、日ごろから水分を摂りすぎる傾向にあったり、冷え性で悩む人がほとんど**です。雨が降ると神経痛になる人、冷房の風に当たると頭痛や腰痛がひどくなる人がいるのもよい例です。

頭痛・肩こりの症状を改善するためには、上半身の血行をよくして発汗を促し、冷えの改善と、体内の余分な水分を出すことです。

次に紹介するレシピを、できるときにとり入れてみましょう。

《しょうが紅茶》

44〜47ページで紹介したしょうが紅茶や葛入りしょうが紅茶、しょうが湯には、発汗・利尿作用があるのでおすすめです。また、しょうが紅茶にシナモンを適量加えると、からだを温める効果がより高まります。

《ねぎ味噌湯》

ねぎを細かく刻んで味噌と半々くらいの割合で混ぜ、カップに入れて熱湯を注ぎます。強力な保温・発汗作用があります。紅茶のようにカフェインが含まれていないので、寝る前に飲むとよいでしょう。

《玉ねぎ入り卵かけご飯》

玉ねぎ2分の1個を細かく刻み、卵黄1個と一緒にかき混ぜ、醤油と唐辛子を加えたものを熱いご飯にかけて食べます。上半身の血行をよくして発汗を促します。

症状がひどいときは

《頭痛に効果的な方法》

百会《ひゃくえ》（両耳の先端を結んだ線と、鼻から頭頂部に向けて延ばした線の交差部）をギューーッと押して、パッと放すことを数回くり返します。

《肩こりに効果的な方法》

・41～42℃のお湯を洗面器に入

れ、両手首より先を10～20分浸けます。ぬるくなったら、熱いお湯を足してください。上半身が温かくなり、肩こりが改善されます。（イラスト〈肩こり1〉参照）

- 両手を胸の前でかぎ型に組みます。両肩の力を抜いて、両腕を外側に引いたまま7秒間力を入れます。続いて、両手を組んだまま後頭部に回し、同じように7秒間外側に引きます。肩や腕の筋肉の血行をよくする効果があります。（イラスト〈肩こり2〉参照）

「便秘に水分、生野菜」は逆効果⁉

からだを冷やす食べ物はＮＧ！

クレオパトラは、その美貌を保つため、アロエを愛用して便秘を防いだ、といわれています。便秘になると、体内の老廃物が排泄されにくく、血液も汚れて流れが悪くなってしまいます。肌荒れや肥満の原因になるだけでなく、心筋梗塞や脳梗塞の原因となる高脂血症、さらには大腸がんの引き金にも。便秘はコワイものなのです。

便秘解消のために水や牛乳、生野菜、果物（特に南方産のバナナやパイナップルなど）を積極的に摂ろうと心がけている人も多いと思います。で

すが、実は逆効果になってしまうことも！

これらの食べ物は腸を冷やし、かえって腸の働きが悪くなってしまうからです。食べ続けることでお通じがあったとしても、それは「腹下し」の結果。根本的な便秘の解決にはなっていません。

便秘を改善するには、腸を温め、腸の力を強めてあげることのほうが大切なのです。

腸を温める食事と生活習慣を

便秘を改善するためには、以下の食事・生活習慣に気をつけましょう。

《食事編》

- ドライプルーンを毎日2〜3個食べます。プルーンは、腸を温めながらお通じを促します。28ページで紹介しているプルーンの赤ワイン煮もおすすめです。
- 食物繊維の豊富な海藻類（寒天など）、こんにゃく、ごぼう、にんじんなどを積極的に摂るようにします。
- 昆布とあずきをやわらかく煮たものを、毎日茶碗1杯食べましょう。あずきには腸を温める作用とお通じをよくする作用があります。赤飯などでもOKです。

・サラダを食べたいときは、腸を温めつつ食物繊維を補える、わかめと大根、スライス玉ねぎのサラダがおすすめです。

《生活習慣編》

・毎日のウォーキングを習慣に。腸を温めて血行をよくし、腸の筋肉を強くするためです。できれば、これに腹筋運動をプラスするとベスト。仰向けに寝た姿勢で、両足を床から直角に上げたり下ろしたりして。

・お腹（特に下腹部）を、右手の手のひらで少し押さえ、「の」の字にゆっくりマッサージ。息を吐きながら行いましょう。

・ゆっくり入浴してからだを温めます。肩まで浸かる全身浴の後に、半身浴を行うと効果的です。

・お腹を冷やさない服装を。最近はおしゃれなウエストウォーマー（腹巻）もたくさんあります。

体温が低いと「うつ」になる!?

「心の不調」と「冷え」の関係

午前中はだるくて元気が出ないけれど、午後から夕方にかけてだんだんと元気になる……そんな人はいませんか？　こうした状態はうつ病傾向の人に多く見られます。

朝の不調の原因は、低い体温。

人間の平均体温は36・5℃程度ですが、自律神経失調症や不眠症など神経的な不調を訴える人はほぼ例外なく、平均体温にほど遠いくらいの低体温なのです。

体温が低いと、血液の循環が悪くなります。すると、「何をするのも面倒くさい」「やる気が起きない」状態に。これは、漢方医学でいうと「気の流れが悪い」状態です。

しかも、「うつ」と「冷え」は、ニワトリと卵のような関係。**からだが冷えると心が不調になるだけでなく、心が不調になるとからだも冷えていってしまう**のです。

ストレスを感じると、アドレナリンというホルモンが分泌されます。アドレナリンは血管を縮ませるので、血行が悪くなり、その結果、冷えを招いてしまうのです。物事を悪いほうにばかり考える、グチが多い……それでは、体温も下がって、さらにうつ状態になりやすく。心の不調を改善するには、低体温状態から脱出することが不可欠です。

体温を上げてストレス解消

第3章で紹介した、「からだを温める食べ物を積極的に摂る」「適度な運動」「湯舟に浸かる入浴」などの方法で、まずはからだを温める生活を。その上で、次に紹介する対策をとり入れてみて。

《「しその葉」と「しょうが」をフル活用》

体温を上げるために活用したいのは「しその葉」と「しょうが」。この2つの食べ物はうつ気をとり、気分を明るくする作用があります。大いに利用しましょう。

- 47ページで紹介したしょうが湯は、しその葉も使われています。しょうが紅茶の代わりに飲んでも。1日3回を目安に飲むとよいでしょう。

- にんじん2本、りんご1個、しその葉5gをジューサーにかけてジュースをつくります。1日2〜3回に分けて飲みます。
- 日ごろの食事に積極的にしその葉としょうがをとり入れます。味噌汁にしその葉や刻みしょうがを入れたり、しその葉の天ぷらやしょうがの漬物を食べるなど。

《プラス思考で体温を上げる》

- 物事のよい面を見るようにする、自分の好きなことや楽しいことを考える。これだけでも体温上昇効果があります。脳内のβ-エンドルフィンなどの快感ホルモンの分泌を促し、血行をよくして体温を上昇させるのです。
- 自分の一番好きな音楽を聴く、趣味に打ちこむのもおすすめです。

生理の悩みは下半身を温めて解消

つらい生理痛、生理不順の原因は

生理不順や生理痛、ＰＭＳと呼ばれる生理前のイライラやからだの不調。女性なら一度は経験したことがある人も多いでしょう。

これらの症状は、**子宮や卵巣への血行不良、つまり下腹部の冷えが主な原因**と考えられます。

人間は、血液が運んでくる栄養素、酸素、水、白血球、免疫物質のおかげで、それぞれの臓器の機能を営むことができ、さらに病気になるのを防ぐことができます。ですから、下半身への血行が悪くなると、子宮や卵巣がうまく働かなくなってしまいます。すると、卵巣から女性ホルモンがきちんと分泌されず、生理不順や生理痛になってしまうのです。

冷えは婦人科系の病気の原因にも

冷えている部分は水分の排泄が悪くなってしまいます。**卵巣に水分がたまると卵巣のう腫にかかりやすく**なります。また、**冷えた部分はかたくなりやすいため、子宮筋腫や子宮がんが発生する可能性が高く**なってしまいます。

婦人科系の症状に悩んでいる人は、積極的にからだを温めましょう。生理不順や生理痛などの症状、そして、卵巣のう腫や子宮筋腫など婦人科系の病気は、下半身を温め、血行をよくするだけで、だいぶ症状が改善されます。

下半身を温めて症状改善

《食事編》

- ごぼうの煮物やきんぴらなど、ごぼう料理を毎日食べるようにします。ごぼうは下半身の血行をよくして、女性ホルモンの分泌を促します。生理不順に効果的です。
- PMSには、リラックス効果があるしそも効果的。47ページで紹介したしそ入りのしょうが湯がおすすめです。

- 黒豆の煮物を毎日食べるようにします。黒豆はイソフラボンという、女性ホルモンに似た働きをする物質が含まれています。61ページでつくり方を紹介しています。
- にんじん・りんごジュースで「朝だけ断食」ダイエットをすると、不妊症の改善も期待できます。昔から「貧乏人の子だくさん」といわれるように、栄養状態が少し悪いくらいのときに妊娠力が高まるのです。反対に、食べすぎで栄養が過剰な状態は、妊娠・生殖力の低下につながります。

《生活習慣編》

- 塩風呂やしょうが風呂（98ページ参照）に浸かって、からだをじっくり温めます。
- ウエストウォーマー（腹巻）を使ってお腹を温めます。下着や衣服の上から使い捨てカイロを貼り付けても。低温やけどに気をつけましょう。

貧血改善には運動も必須

女性は貧血になりやすい！

「貧血」といってもいろいろな原因がありますが、**一番多いのが、鉄分が足りないことで起こる「鉄欠乏性貧血」**。全貧血のうち80％近くを占めます。特に女性は、毎月の生理で出血があるので鉄分が不足しやすいのです。

貧血を改善する4つのポイント

《色の濃い食べ物をしっかり食べる》

貧血の人は、からだを冷やす食べ物はNG。あずきや黒豆、ドライプルーンなど、赤や黒の色の濃い食べ物は、鉄分を多く含み、からだを温める効果があります。積極的に摂りましょう。

《にんじんジュースにほうれん草をプラス》

にんじん2本とほうれん草300gを、ジューサーにかけてジュースをつくっても。1日2~3回に分けるか、朝食代わりに飲むとよいでしょう。

《たんぱく質もきちんと摂る》

貧血というと鉄分摂取ばかりが重要視されがち。ところが、鉄分はたんぱく質と結合して働きます。肉や魚、大豆製品などもしっかり摂って。

《運動で筋肉中の鉄貯蔵量を増やす》

鉄分は、筋肉細胞中にたくさん蓄えられています。ウォーキングやアイソメトリック運動などで筋肉量を増やし、鉄分の貯蔵量を増やすことも大切です。

アレルギーの原因は余分な水分!?

冷え性の人は要注意!

くしゃみ、鼻水、目のかゆみ、湿疹など、近ごろは喘息や花粉症などのアレルギー疾患に悩む人も多い様子。

これらはすべて、体内にたまった余分な水分が吹き出る症状。**漢方医学では、アレルギー疾患は「水毒」と考えられ、体内に余分な水分をためている**

人か、冷え性の人がかかる病気と考えます。

これらの症状を改善するには、水分の摂りすぎを避けて運動や入浴で発汗すること、からだを温める食材で体温を上昇させることが大切です。

余分な水分を出して症状改善

《食事編》

・にら、にんにく、ねぎや玉ねぎ、海藻類を積極的にとり入れます。これらの食べ物はからだを温め、発汗・排尿を促して、アレルギーに抵抗する力をつけます。

《生活習慣編》

・塩風呂やしょうが風呂（98ページ参照）で、からだを温めます。

・アレルギー性鼻炎は、約1％の自然塩を加えた番茶で鼻うがいを。

著　者●石原　結實（いしはら　ゆうみ）
1948年、長崎市生まれ。医学博士。長崎大学医学部卒業、同大学大学院医学研究科博士課程修了。現在、イシハラクリニック院長として漢方薬と食餌療法指導によるユニークな治療法を実践するかたわら、日本テレビ系「おもいッきりイイテレビ」にレギュラー出演。
『「医者いらず」の食べ物事典』『血液サラサラで、病気が治る、キレイになれる』（以上、PHP文庫）、『「一食抜き」健康法』（朝日新聞出版）、『病は“冷え”から』（光文社）など、著書は100冊を超える。

イラスト●高村　あゆみ（たかむら　あゆみ）
東京都在住。制作会社を経てフリーランスのイラストレーターとして活動中。書籍、WEB、広告等を中心に、ジャンルにとらわれず「ゆるさ」を感じる絵を描いています。
http://www.yururira.com/

装　丁●石間　淳
本文デザイン●松原　卓（ドットテトラ）
編集協力●オメガ社

やせる！ しまる！ キレイになる！
カラダ浄化大作戦

2008年5月26日　第1版第1刷発行
2008年9月24日　第1版第4刷発行

著　　者　石原結實
発 行 者　江口克彦
発 行 所　PHP研究所
東京本部　〒102-8331　千代田区三番町３番地10
　　　　　文芸出版部　☎03-3239-6256（編集）
　　　　　普 及 一 部　☎03-3239-6233（販売）
京都本部　〒601-8411　京都市南区西九条北ノ内町11
PHP INTERFACE　http://www.php.co.jp/
印 刷 所　図書印刷株式会社
製 本 所　東京美術紙工事業協同組合

ISBN978-4-569-70011-3